Karl Wilhelm Friedrich Schaber

Ovids Werke von der Liebe

Karl Wilhelm Friedrich Schaber

Ovids Werke von der Liebe

ISBN/EAN: 9783742870780

Hergestellt in Europa, USA, Kanada, Australien, Japan

Cover: Foto ©Thomas Meinert / pixelio.de

Manufactured and distributed by brebook publishing software
(www.brebook.com)

Karl Wilhelm Friedrich Schaber

Ovids Werke von der Liebe

Ovids
Werke von der Liebe.

Nach Blumauer travestirt

von

Prof. Carl Wilh. Frid. Schaber.

Zweites Bändchen.

Berlin und Leipzig,

1794.

Ovids

Werke von der Liebe.

Zweites Bändchen.

Männern und Jünglingen

g e w e i h t.

Männer und Jünglinge!

Euren Weibern und Mädchen weihte ich das erste Bändchen dieser Lieder und euch — weih ich das zweite, das die Kunst zu lieben enthält, dann diese brauch ich jenen nicht vorzusingen, aber ihr seid wohl ein bischen unerfahren an der Toilett', oft steif von Natur, von Erziehung, oft schüchtern und bisweilen einer und der andere ein bischen grob! — Leset und behaltet das Beste! leset's auch Euren Weibern und Mädchen vor, und an ihrem schelmischen Lächeln könnt ihrs merken, ob sie den Spas verstehen, den ihr ihnen vorleset! — — Ihr alle wes Stands und Geschlechts die ihr diese Scherze leset, tadelt mich nicht, daß ich sie zum Gegenstand der Bearbeitung wählte! unsere Schicksale, unsere Launen fluten hin und her; in der frohen Stunde schäkern und am ernsten Abend philosofiren heist weise leben — und wann noch der Scherz der heiteren Laune sein Salz hat, so ist er noch überdies sehr dienlich; aus diesen Scherzen klaubt ihr Salz heraus und brauchts — als ein gutes Reinigungs-Mittel und — gegen faule Dünste!

Im Früling 1793.

Der Verfasser.

Ovids

Kunst zu Lieben.

Erstes Buch.

Ihr liebe Landsleut — allgemein
Begabt mit Liebestrieben:
Wann einer will kein Stümper sein
Und will methodisch *) lieben,
Der hör bei mir Collegia!
In arte amatoria
Bin ich Magister legens!

Das Reiten, Fahren ist ein' Kunst,
Ein' Kunst durch's Wasser pfaden! —
Und mich nahm Venus — ha, mit Gunst!
Der Frau von Venus Gnaden

Für

*) doctus amet.

Für ihren Buben Amor an
Als Tausendkünstler, Steuermann,
  Bereuter und Leibkutscher!

Ich lehr ihn alle Lebensart!
  Zwar ist's ein böser Knabe,
Doch er besitzt ein Herzgen zart
  Und ich die Bildungsgabe!
Der wildste Mensch zu zwingen ist!
Er ist wohl freilich schlimm — er ist
  Von adelichem Blute! **)

Man bringt ja Stiere unter's Joch,
  Man kann ja Rosse zwingen!
Ich werd den jungen Amor doch
  Auch in die Ordnung bringen!

Krieg

**) natus uterq. dea.

Krieg freilich mit ihm meine Noth,
Doch hoff ich zu dem lieben Gott
Mich derb an ihm zu rächen!

Das heißt: ich will von Kunst und Kniff
Der schlauen Liebe singen,
Von ihren tausend Griff und Pfiff
Ein süßes Lied Euch singen!
Ich hab sie alle selbst studirt
Und alle, alle selbst probirt! *)
Ihr dürft mir's kek nachmachen!

Ich sing von weißen Schleiern nicht
Und nicht von langen Röken,
Die das bescheidene Gesicht
Und Knie schamhaft deken!

Frau

---

*) usus opus movet — parete perito.

Frau Venus in dem Negligee *)
Auf Stroh und Bett und Canapee
Sei Stof zu dem Gesange!

Such dir venerischer Rekrut
Zuerst was für die Liebe!
Findst du ein Mädel hübsch und gut,
So bitt sie izt um Liebe;
Und hast du in der Falle sie,
Dann gieb dir wirklich alle Müh
Sie nie mehr 'rauszulassen!

Das ist die ganze Aktion
Bei unsern Liebs-Affairen —
Darüber sollt ihr Lektion
Izt in extenso hören:

*) Venerem tutam —

Wann du dein eig'ner Herr nun bist
Das heißt: Jenenser Pursch nun bist,
  Dann wähle dir ein Liebchen!

Die fliegt dir wohl nicht aus der Luft!
  Du mußt dich umhersehen,
Wo Rosen-Glut und Bisamduft
  Dir süß entgegenwehen —
Guk, wo ein weißer Handschu liegt,
Ein bologneser Hündchen liegt
  Wohl unter einem Fenster!

Der Jäger weiß das Lager wohl
  Von Hirsch und Säu und Hasen —
Der Vogelfänger wo er soll
  Mit seinem Pfeifchen blasen!

Der Fischer kennt genau die Teich —
So weiß man auch im Mädchenreich
Die fruchtbare Provinzen!

Da weiß ich drei berühmte Städt',
Da giebt es soviel Mädchen
Als Veilchen in dem Blumenbeet
Und Pflanzen in den Gärtchen —
Als Sterne an dem Himmel sind,
Als Aehren auf den Feldern sind,
Frankfurt, Berlin und Mannheim!

Da geh nur, wenns der Nacht zugeht
Die Linden-Promenade! —
Such, wo der Baier-Churfürst steht,
Die große Wacht-Parade!

Geh durch die Bokenheimer Straß,
Wart' an der Eck der Judengaß
  Und hinter dem Lustgarten.

Auf Madame Schupiz, Legers Sal,
  Bei Schweizer, Heils und Bose —
Da findst du Mädchen überall
  Hübsch', weiße, klein und große;
Wo d' Katarinen-Kirche steht,
Nächst wo die Straß nach Stralau geht
  Und hint'rm alten Pakhof!

Guk du in Kirchen hin und her,
  Geh Abends durch den Römer! *)
Jüngst sagte noch ein diker Herr:
  „ 's ist nirgends doch bequemer

Zur

---

*) Die genannte Plätze sind meistens aus den Berliner und Frankfurter Galanterien bekannt.

*) Et fora conveniunt — amori.

Zur löblichen Galanterie
Als unt'rm Rathaus — 's liebt sich hie
So recht nach Stand und Würden!"

Wie manchen Herrn Senator fieng *)
Da schon die Liebesdirne,
Wann er vom Rathaus 'runter gieng
Mit noch so finst'rer Stirne! —
Wie ändert der Prozeß sich doch!
Da giebt es aus Patronen noch. **)
Ergebene Clienten!

Geh in Konzert, auf Maskenbäll,
Besuche Komödien!
Das sind die Plätz auf alle Fäll
Zu süßen Kordisien,

Für

---

*) Illo sæpe loco — consultus amori.

**) Qui modo Patronus, nunc cupit esse cliens.

Für Scherz und Ernst — wie du nur willt!
Dir wird der Appetit gestillt
In qualicunque forma!

Dann kommt man in das Schauspielhaus,
Was da für Jungfern sizen?
's geht einem als der Angstschweis aus *)
Von lauter Bänder blizen!
Du meinst, sie kommen um zu sehn? **
Sie kommen, daß man sie soll seh'n!
Da kriegt die Keuschheit Stöße!

---

*) Copia judicium sæpe moratu meum.

**) Spectatum — spectentur ut ipsæ.

(Von hieran in Original Nro 235 habe ich in der Uebersezung weggelassen, weil der Innhalt so ganz den Geist der alten römischen Sitten und Geschichte athmet, daß er unmöglich auf irgend einen Gebrauch unserer neueren Zeiten hätte schicklich können übertragen werden.

Der Verf.)

Ein Gut Glas Wein trägt auch viel bei
  Um leicht verliebt zu werden!
Der Mosler macht so offen, frei
  Und scheucht die Sorg' der Erden!
Im Wirthshaus kriegt man guten Muth!
Der Arme hat ein Rittergut,
  Der Bauer ist Herr Hofrath!

Da schwindet Grillenmacherei
  Und Frost und Fieberhize!
Man lacht und schekert, lustig frei
  Bei edlem Mutterwize! *)
Da heißts: Valete studia! **)
Salvete nobis pocula
  Ihr beste Professoren!

---

*) Simplicitas —

**) Artes excutiente Deo.

Manch schlaues Mädchen kriegte so
  Sich einen hübschen Freier!
Die Liebe stekt in poculo
  Und wekt des Busens Feuer! —
Doch trau nicht immer der Latern!
Der Wein und Dunkel täuschen gern
  Bei weiblichen Gesichtern!

Um Mitternacht ist jede schön,
  's hat keine keinen Fehler!
Die Nacht ist für die Häslichen
Der allerbeste Heler! —
Drum Pferde, Uhren, Edelstein
Und Jungfern mus man immer fein
  Am hellen Tag besehen!

Sollt ich dir noch die Mädchen all
Herunter deklamiren,
Die brauchbar sind für Knall und Fall,
So würd ich mich verlieren!
Hör lieber itzt durch was für List
Das Mädel abzufangen ist,
In die du dich verschossen!

Vor allen Dingen glaube nur:
's ist jegliche zu kriegen!
Geh du nur Einer auf die Spur,
Du wirst sie sicher kriegen!
Eh wird der Hund zum Hasen noch,
Eh daß ein Mädel sollte doch
Dem Jüngling widerstehen!

Auch die, von der du selber denkst,
  Sie werde widerstehen —
Wann du nur Liebelächelnd winkst,
  Wird bald in's Garn dir gehen;
Nur halt im Anfang dich zurück!
Die Mädchen freut wie uns das Glück
  Die Liebe zu erschleichen!

Thust du, als ob's dein Ernst nicht wär,
  Dann kommt sie hergeschritten!
's ziemt so sich nicht für Männerehr
  Zuerst um Liebe bitten —
Wart nur — sie kommt gewiß zu dir
Und fragt dich: „Lieber sage mir,
  Willt du mich wieder lieben?"

's stekt in der weiblichen Natur!
So machts die Kuh und Stutte
Bei ihrem Mann auf Wiesenflur;
's stekt schon im Jungfernblute!
Wir Männer sind wohl hizig auch —
Doch nicht so toll nach Mädchenbrauch,
Und Männerlust hat Gränzen!

's muß keine unbezwingbar sein!
Ein Bauerpursche kriegte
Jüngst's Pfarrer Taurus Töchterlein —
Ein Peruquer besiegte
Unlängst die Fräulein Minnepracht —
Der Bittel *) schlief in vor'ger Nacht
Bei unsers Schulzen Grete!

---

*) Gemeindsdiener.

Eins von den zarten Lämmerchen *)
Im Pietisten-Stalle
In Schwaben — ('s schlich ein Bok sich hin)
Kam neulich auch zu Falle! —
Die gnäd'ge Frau von Liebeskuß
Ist mit dem Herrn Vikarius
Vor kurzem weggelofen!

Drum denke nur: man kriegt sie all!
Daran hab keinen Zweifel;
Es bringt sie insgesammt zu Fall
(Gott sei bei uns, der Teufel! *)
Von hundert sagt nur Eine nein!
Und jede freut's gesucht zu sein,
Die will — und die's versaget!

*) Ein Ausdruk in Schwaben, der ausschließend für die Pietisten gehört.

*) Der hats meistens im Wirtembergischen gethan, wann ein Mädchen schwanger wird. (!)

Und kämst du doch von ohngefehr
An Eine von den Bösen,
So sage nur zu deiner Ehr,
'S sei dir nicht Ernst gewesen! —
'S giebt aber keine die nicht will;
Ein neues Gut reizt gar zu viel
Und fremd Brod schmekt am besten!

Izt such auch bei der Magd im Haus
Dich zu rekommandiren,
Die muß dich immer ein und aus
Bei deinem Mädchen führen!
Sieh, ob sie ihre Freundin ist,
Ob sie getreu, verschwiegen ist —
Und der gieb gute Worte!

Die kann dir wie ein Medikus
Die Krisis observiren,
Wann Lora ist zu Scherz und Kuß
Am besten zu verführen;
Dann sicher — wann sie lustig ist!
Des Mädels frohe Laune ist
Dem Bulen immer günstig!

Auch Morgens an der Toilett'
Sind meist die Mädel kirre,
Da kommen sie erst aus dem Bett
Und süßen Traumgewirre;
Wenn dann die Magd die Haare flicht,
Dann bitt sie, daß sie von dir spricht
Fein recht viel liebs und gutes!

Fragst du mich ob es rathsam ist
  Selbst mit der Magd zu scherzen,
So sag ich dir als guter Christ
  Und Freund von ganzem Herzen:
'S ist ein verdammtes Risiko, *)
Und wann sie's leidt, so sei du froh!
  Ich rath' es nie zu wagen!

Wann du nur erst die Jungfer hast,
  Die Magd ist leicht zu fangen;
Man muß als neuer Liebesgast
  Nie bei der Magd anfangen! —
Und machst du nachmals Jagd auf die,
So reussire — oder nie
  Wag es ihr anzutragen!

---

*) Casus in eventu — ausis.

Machst du einmal den Antrag ihr,
So komm gewiß zum Ziele,
Dann bist du sicher daß sie dir
Doch nie ein Streichgen spiele;
Wann sie dich einmal drüber lies,
So darf sie dich doch nun gewiß
Der Jungfer nicht verrathen!

Denk, daß die Zeit auch ungleich ist!
An hohen Feiertagen,
Wann Weihnacht oder Ostern ist,
Mußt nicht nach Wollust fragen! —
Auch hüte vor Geburtstäg dich *)
Und allen Tägen, wo es sich
Präsente machen lässet!

Du

---

*) Magna superstitio — atra dies.

Du brauchst nicht die Gelegenheit
  Dein Mädchen zu beschenken,
Die ist schon selber so gescheut
  Dem Beutelchen zu winken!
Da kommt Freund Levi in das Haus *)
Und paket seine Waaren aus
  „ Mein Herr, ist was gefällig? “

„ Da für die schöne Mamsel Nett,
  Den Stof zu einem Kleide?
Mein Schamme, wie's so hübsch ihr steht,
  Sie machen ihr die Freude! “ —
„ O lieber Junge kauf es mir,
Du kriegst ein duzend Küß' dafür,
  Solch Kleid kann ich g'rad brauchen! “ —

„ Ja —

---

*) Institor ad dominam — sedente suas.

„ Ja — aber ich hab itzt kein Geld! — "
„ Gott's Wunder! — ich kann borgen,
Nur einen Wechsel *) für baar Geld,
Ich bin ganz ausser Sorgen! " —
Itzt ist Geburtstag — du mußt d'ran
O gutes Herrchen! sieh, so kann
Sie hübsch Geburtstag machen! **)

Ein andermal fiel ihr ein Stein
Aus einem Ohren-Ringe —
Dann braucht sie Geld zu Punsch und Wein
Und all dergleichen Dinge;
Da sagt sie dir als a peu près,
Was sie als brauchte — mon Dieu,
Laß einmal Geld doch regnen!

Und

---

*) Littera poscetur.

**) Quod quasi natali — nascitur ipsa sibi.

Und hat sie was in ihrem Haus,
Dann kriegst du nichts mehr wieder!
Es giebt kein Pfaff kein Opfer 'raus
Und keine H — r was wieder! —
Klagst du ihr daß du Schaden hast,
So giebt sie nichts und möcht' noch fast
Halb todt sich drüber lachen!

Ha wollt ich all die schlaue Pfiff,
Die als die Mädel treiben
Und ihre tausend Griff und Kniff
In diesem Buche schreiben,
So kriegt' ich kaum genug Papier
Und Doktor S. l. r. müßte mir
Nur seine Feder leihen!

Nein! — fang du erst mit Briefen an
  Anstatt ihr Geld zu geben!
Ein Brieschen zeig zuerst ihr an,
  Daß du wollst für sie leben!
D'rinn gieb ihr Worte zukersüß!
Daß dich das Bitten nicht verdrüß'
  Und wärst du Kammerjunker!

Bitt ja fein schön — und mach dabei
  Ihr allerlei Promessen!
Versprüche haben Wir ja frei
  Bei unseren Karessen;
Und wann sie's glaubt und zweifelt nicht,
Was man ihr immer neu verspricht,
  So ist's schon halb gewonnen!

Giebst

---

*) Quisquis eris.

Giebst du ihr gleich von Anfang was,
  Dann scherr dich kek zum Teufel! —
Hoft sie noch aber stäts auf was
  Und stehet in dem Zweifel,
Wie genereux du etwa bist,
So wird sie dich Kraft ihrer List
  Beständig cagouliren!

So ist der Liebenden Gebrauch!
  Zuerst umsonst sich lieben! —
Dazwischen giebt man freilich auch;
  Drum nur fein hübsch geschrieben!
Ein guter Brief von einem Mann
Hat manchmal schon gar viel gethan
  Bei Weibern oder Mädgen!

Ihr Jünglinge lernt artig sein
  Und lernt humaniora!
Schreibt Liebesbrief galant und fein
  Per verba altiora —
Nicht so im Stilo Curiæ *)
Nicht so bokfteif methodice,
  Und nicht im Kanzel-Tone! **)

Schreib so, daß sie dir glauben kann
  Und wie man redt, so schreibe! *)
Bring fein Delikatessen an,
  Sie schmeicheln doch dem Weibe!
Und schikt sie dir den Brief zurük — —
Das geht nicht so im Augenblik,
  Hoff und bleib vesten Sinnes!

---

*) Effugiant ceræ verba molesta tuæ.

**) Quis — declamet amicæ?

*) Consuetaque verba.

In Schwaben dient ein Kandidat *)
Wie Jakob sieben Jahre
Um seine Braut, bis er sie hat
Im Bett von dem Altare! —
Gehts schon nicht gleich, verzag nie ganz!
Es bleibt dir doch die Exspektanz **)
Noch rezipirt zu werden!

Ließt sie den Brief — schikt aber dir
Nicht wieder auch ein Schreiben,
So laß nur ganz den Willen ihr
Und mußt zu nichts sie treiben!
Was sie gern las, behält sie still,
Weil sie dir noch d'rauf schreiben will;
Das Ding hat seine Grade!

Viel=

---

*) Man schlage hierüber Hartmanns Klostergeschichte nach.

**) Ein Ausdruk von einem Gebrauch im Wirtembergischen hergenommen, der ebenfalls da nachzusehen ist.

Vielleicht schreibt sie im ersten Brief,
  Wovor schon Manchem graute,
Durch Bein und Mark und Adern lief,
  Wann er in's Briefchen schaute:
„ Mein Herr, ich bitte, geben Sie *)
Sich künftig um mich keine Müh! " —
  Das sind nur lauter Pfiffe!

Um was sie bittet, fürchtet sie,
  Du möchtest Spaß nur treiben —
Was sie nicht bittet, wünschet sie,
  Du möchtest treu ihr bleiben! —
D'rum nur Courage! frisch gewagt!
Nur frisch d'rauf los und nicht verzagt!
  Du kommst gewiß zum Ziele!

*) Quaeq. rogat ne se sollicitare velis.

Liegt sie auf ihrem Canapee,
　So schleich zu ihr bescheiden;
Das Mädchen in dem Negligee
　Kann immer etwas leiden
Da ist sie weniger genirt,
Wann man es allenfalls probirt
　Den schlanken Leib zu messen!

Und weißt du ihre Promenad'
　Und wann sie geht spazieren,
So such von ohngefähr gerad
　Sie da zu rencontriren!
Geh ihr bald vor — geh ihr bald nach,
Geh bald geschwind — thu bald gemach
　Und bald geh ihr zur Seite!

Geh mit ihr in die Komödie
 Und sez dich dicht beineben —
Da mußt nur immer hübsch auf sie
 Wie's Möpschen Achtung geben!
Lob ihren Wiz, lob ihren Gout!
Was sie bewundert, klatsche du,
 Was ihr misfällt, so pfeife!

Seufz du bei jeder Liebesszene
 Als thät man dich agiren —
Tanzt eine wie dein Nannchen schön,
 So mußt du applaudiren! —
Steh mit ihr auf, sez dich mit ihr!
Kurz: diese Stunden mußt du hier
 Schon ganz mit ihr verderben!

Kleid dich nicht auch so gar galant,
  Nicht a là cou die Loke! —
Der Mann im deutschen Vaterland *)
  Ist schön im simplen Roke! —
's nuzt nichts gezierte Eitelkeit!
's nuzt nichts der Frak — vom Männerkleid
  Nur das Diminutivum!

Nur mußt du immer reinlich sein
  Nicht schmuzig wie Matrosen!
Der Rok und Strümpf nicht latschig sein
  Wie ein paar Schweizerhosen! —
Nicht Zähn' wie Kapuziner-Kutt
Nicht Haare a là Kalekut —
  Nicht bärtig wie ein Jude!

Nicht

*) Forma virum neglecta decet.

Nicht dissolut — nicht zu geziert!
  Nicht a là petit maitre
Mit Eau de mille fleurs parfumirt! —
  Nicht stinkend wie Bokleder!
Fein wohlanständig trage dich!
Die Mädchen mögen immer sich
  Noch so wollüstig puzen!

Da kommt Freund Bachchus noch einmal
  Und heißt mich an ihn denken
Und mir den rheinischen Pokal
  Geschwibelt voll einschenken —
Ja — hört ihr Pursche hört mich an:
Herr Bachchus ist ein braver Mann!
  „ Gesundheit lieber Vetter! “

Der Wein ist ein Specificum
  Die Liebe anzublasen;
Brauch Jüngling dies Remedium,
  Doch brauch es ja mit Maßen!
Dr'um wenn du bist bei einem Schmaus
Und 's ist ein hübsches Weib im Haus,
  So laß' dir's mäßig schmeken!

Der Wein wird über den Verstand
  Der Weisesten oft Meister:
Einst saßen in dem Frankenland
  Frankreichs erhab'ne Geister
Corneille, Racine, la Bruiére,
là Fontaine, Boileau, Molière
  Am Seinestrand und zechten;

Die Kelche kreißten hin und her,
Die Weisen wurden trunken
Und wollten sich izt par honneur
All in die Seine tunken —
Nur Einer sprach noch „ja nicht heut!
Es sagten sonst die bösen Leut,
Es sei im Rausch geschehen!

„Ihr Brüder, wann der Morgen taut,
Da stürzen wir zusammen,
Daß es die Sonn und jeder schaut
In aller Weisen Namen!“ —
Der Morgen schlich sich izt herbei!
Man schämte sich der Schwärmerei
Und dankte dem Gescheutern!

Bei einem schönen Kinde saß
 Ein Ritter — ihm behagte
Nur gar sehr das Burgunderglas,
 Das in die Hiz ihn jagte;
Er fordert Wollust — sie will nicht!
In seines Rausches Hize sticht
 Er sie wohl über'n Haufen!

Der Wein ist ein Specificum
 Die Leute zu verführen,
Das menschliche Ingenium
 Erbärmlich zu vexiren!
D'rum wann du bist bei einem Schmaus
Und 's ist ein hübsches Weib im Haus,
 So trinke du nur mäßig!

Dann schmeichle ihr auf alle Weis',
Heft auf sie deine Blike,
Sag ihr so jezuweilen leis',
Wie sehr sie dich entzüke
Nemmt sie das Glas, so stoß' ihr an —
Gieb aber doch dabei dem Mann
Nicht minder gute Worte!

Ist er dein Freund, das sei dir lieb;
D'rum such ihm zu gefallen,
Flattir' ihm wie du kannst und gieb
Den Vorzug ihm vor allen!
Wann er auch schlechtweg Bürger ist,
Und du Herr Burgermeister bist,
So laß' ihm doch die Ehre!

Mach du's wie uns're große Herrn *)
Die brüderlich sich duzen
Und so von allem Argwohn fern
Recht brüderlich sich uzen!
So ist's grand mode! o nenne ja
Den Mann, für den du Cornua
In petto hast, „Herr Bruder!"

Spürst du den Wein, so mache Späss',
Nur brumme nicht wie Weiber!
Sei immer mit Delikateß'
Ein lust'ger Zeitvertreiber;
Sing, tanze, spiel auf dem Klavier
Und lass' dein Licht und Lichtlein hier *)
Von allen Eken leuchten!

Stell

---

*) Tuta frequensq. via est — amicum.

*) Et quacunq. potes dote placere, place.

Stell dich auch wie betrunken an
  Und stammle lose Scherze,
Dem Trunkenen verzeiet man
  Auch unerlaubte Scherze! —
Und geht's vom Tisch, dann schleich dich so
Mit in den Haufen — taumel so
  An deines Mannchen Seite!

Itzt ist es Zeit! — itzt nicht verzagt,
  Nicht lange sich besonnen!
Itzt frisch d'rauf los und frisch gewagt, *)
  So ist's schon halb gewonnen! —
Da plaud're wie ein Advokat, **)
Schmus' wie ein Jude, der schon hat
  Das Schmusgeld in der Tasche!

Mach

---

*) Audentem forsq. venusq. juvant.

**) Fac tantum — sponte disertus eris.

Mach ihr die süsseste Douceurs
  Und nehm ihr allen Zweifel —
Sprich immer nur „auf meine Ehr!“ *)
  „Es hole mich der Teufel!“
„Bei allen tausend Sakerment!“
„Auf Cavaliers parole mein Kind!“
  „Verdamm mich Gott auf ewig!“ —

So glaubt sie dir — sie glaubt es gern
  Aus eig'nem stolzen Triebe;
's glaubt jede, 's gebe einen Herrn,
  Der sich in sie verliebe! —
So sprach der weise Dillidapp:
's g'fällt jedem Narren seine Kapp *)
  Und jedem Weib ihr Häutchen!

Heiss

---

*) Hinc tibi quæratur qualibet arte fides.

*) Nulli non sua forma placet.

Heiſſ alles an ihr ſchön und rar,
  Schneeweis die Bakenlauge —
Nenn Rabenſchwarz das Minninghaar
  Und blau das Kazenauge —
Die Buſenbretter — Feuerſchlünd;
Die Igelpatſchgen — Marmorhänd;
  Die Bärentazen — Füschen!

'ſ zürnt keine, auch die keuſchſte nicht
  Auf Schönheitskomplimente!
Sie haben keine Sorgen nicht
  Als phiſiſche Talente,
D'rum iſt der Spiegel ihr Altar,
Wovor ſie lang andächtig gar
  Den Morgenſegen beten!

's braucht dir nicht immer ernst zu sein,
  Man darf mit Mädel scherzen!
Der Jungfern süße Schmeichelei'n
  Geh'n auch nicht stäts von Herzen;
's ist ein betrogenes Geschlecht! *)
Und 's geschieht den meisten Mädchen recht, **)
  Wann man sie wieder täuschet!

Und nun den süßen lieben Spaß
  Noch besser zu vollführen,
So komm mit Augen tränennaß,
  Die sollen sie wohl rühren! —
Und wer nicht plözlich heulen kann
('s kommt Einen auch nicht immer an)
  Riech nur an eine Zwiebel!

Wann

---

*) Ex magna parte profanum sunt genus. —

**) In laqueos, quos posuere cadant.

Wann du bei einem Mädchen bist
Und giebst ihr keine Küsse, *)
So denk daß du ein Esel bist!
Sie giebt dir nicht gleich Küsse;
Sie wird sich wehren „ o Sie sind **)
Ein loser Herr! „ — und 's lose Kind
Läßt doch sich gern bezwingen!

Wenn du bei einem Mädchen bist
Alleine, einsam heiter,
Und hast sie tüchtig abgeküst —
Und kommst nicht auch gleich weiter, *)
So denk daß du ein Esel bist **)
Und gar nicht wert daß du geküst,
Du unsers Herrgotts Rindvieh

---

*) Quis sapiens — verbis. **) Improbe dicet.

*) Si non & cætera sumsit.

**) Hei mihi rusticitas —

Spring nur mit gleichen Füssen drein, *)
  Die Mädchen mögens leiden!
Sie wollen meist gezwungen sein
  Zu solchen Süssigkeiten; —
's freut sie die Liebeskaperei!
Und die man ungebraucht läst frei,
  Möcht' g'wis vor Aerger heulen! **)

's giebt auch in unsrem Seculo
  Noch Paris und Achille —
Noch manche Helene ist froh
  Und hält dem Helden stille,
Und läßt sich von ihm — mit Gewalt!!
Wohl über Berg und Thal und Wald
  In's stille Schlöschen führen!

---

*) Vim licet appelles — puellis.

**) Ut simulet vultu gaudia, tristis erit.

's fangt freilich keine selber an! —
Sie stehen zu Befehle
Und warten drauf, daß sie ein Mann
Für Tisch und Bette wähle! —
Der muß sehr eigenliebig sein,
Der glaubt, das Mädchen solle freyn,
Zuerst um Liebe bitten!

Es ziemt dem Mann daß er fang an
Und sich zuerst anbiete!
Schon mancher g'strenger Edelmann
Vor Baurenweibern kniete!
Doch findst du Stolz und Eigensinn,
So geh gleich deines Weges hin
Und bitt beileibe nimmer! —

Gib acht, sie kommt! — die Mädel sind
Gar närrische Geschöpfe!
Kalt, wann der Chapeau für sie brennt —
Und heisser als Punschtöpfe

Sobald der Bule kälter war,
Drum mach dich bei dem Liebchen rar
Und seie nie zudringlich!

Sprich auch nicht immer gleich von Lieb,
Bitt nur ihr Freund zu werden,
Im Freundeskittel treibt die Lieb *)
Ihr Wesen stark auf Erden!
Aus blosser Freundschaft kriegte jüngst **)
Vom Herrn Dominikaner Hengst
Lisette einen Buben!

Noch was: wenn du verliebt sein willt,
So must du blaß aussehen,
Wie ein betrübt Marienbild *)
Vor deinem Mädchen stehen —
So frostig als Herr Sigwart war,
Da er auf Marianens Bahr
Im kalten Nebel lage!

Ha

---

*) Intret amicitiae nomine tectus amor.

**) Hoc aditu — puellæ.

*) Miserabilis esto.

Wenn einer will gern mager sein,
Der darf nur karessiren!
Die Liebe machet dünne Bein,
Sie macht das Fleisch verlieren;
Die lange Nächte durchgeschaft
Und Gram und Sorgen nehmen Kraft
Und machen fein geschmeidig!

Noch schlieslich ist zu merken nun
Und vielmehr zu beklagen:
Seit die Illuminazion
Der Welt fing an zu tagen,
Weiß man nicht mehr woran man ist
Und wer Koch oder Keller ist,
's geht alles durcheinander!

Die Freundschaft und die Ehrlichkeit
Sind „hübsche Raritäten!„
Die ein Komödiant ausschreit
In grossen Fürstenstädten! —

O Himmel, ists denn nicht betrübt?
Sagt man dem Freunde, was man liebt,
So geht er hin und kaperts!

Was schändlich ist und was verdriest,
Das freut die Leut zu treiben —
Wie's jezt so schäkig bei uns ist,
Ist gar nicht zu beschreiben:
's sorgt jeder nur für seine Lust —
Und kränkt sie seines Nächsten Brust,
So schmekt sie um so besser!

Ha förchte nur nicht deinen Feind,
Daß er dein Mädchen stele!
Förcht aber deinen besten Freund,
Du traucst seiner Seele —
Und desto leichter täuscht er dich!
Vor Bruder, Schwager förchte dich
Und deinen Jetimussen!

Im ganzen weiten Mädchenreich
  Vom kalten Nord zum Süden
Sind Mädchenherzen sich nicht gleich
  Und jede weit verschieden:
D'rum so viel tausend Mädchen sind
Und tausend Mädchenherzen sind —
  Lieb sie auf tausend Weisen!

So viel Figuren in der Welt,
  Soviel sind Mädchenformen!
Ein ächter deutscher Liebesheld
  Schikt sich in alle Formen—
Ist Wolf und Schaaf und Fuchs und Haas,
Macht heute Ernst und Morgen Spaß,
  Ist König und Vasalle!

Richt auch nach deinen Jahren dich! *)
  Als Jüngling sei verwegen —
Als Mann umschleich behutsamlich
  Die Fallen auf den Wegen —

*) Nec tibi conveniat — annos.

Als alter Gek dank deinem Gott,
Wenn dich ein Mädchen aus der Noth
Mit ein Paar Küsse reisset!

Nur Schade daß die Mädchen nicht
Die Männer prüfen können,
Den Schelm und 's erliche Gesicht
Nicht auseinander kennen! —
's traut Manche nicht dem braven Mann
Und lauft bei einem Schurken an! — —
„ Izt profit meine Herren!! „ — !!

Zweites Buch.

„ Auf Brüder stoßt die Gläser an:
Es leb Magister Naso!
's ist ein fideler flotter Mann,
Es leb Magister Naso! —
Ich hört' bei ihm Collegia
In arte amatoria;
's ist meiner Seel probatum! —

„ Ich hab ein Mäbel d'ran gekrigt,
So giebt es der nur wenig!
Jtzt bin ich kaiserlich vergnügt
Und tausch mit keinem König! “ —

„ Gemach

„ Gemach Herr Kandidat Leichtwicht! *)
Ihr Schäflein haben Sie noch nicht
In's trokene getrieben! —

„ Sollt's denn so völlig richtig sein
Mit Ihren Liebsaffairen?
Sie müssen wenigstens noch ein
Collegium anhören
(Pro rato honorario)
Durch welche schlaue Pfiff man so
Den guten Fang erhalte! " —

Es komt wohl nicht blos darauf an
Ein Mädchen zu erwischen!
Das ist ein Zufall — jeder kann
Im vollen Teiche fischen! —

Das

---

*) Quid properas juvenis — pontus abest.

Das aber ist erst eine Kunst,
Daß man des Mädchens Lieb und Gunst
Sich zu erhalten wisse!

Nun wann mir je ein Lied gelang,
So müss' mir das gelingen!
Das ist ein mächtiger Gesang;
Hört Pursche, ich will singen,
Auf welche Art und Weise man
Den losen Junker Amor kann
An einem Ort fixiren! —

Und der ist an's Vagiren g'wönt
Wie Kazen an das Mausen,
's ist ein merkurialisch Kind
Und macht verdammte Flausen!

Der ist geflügelter Natur
Und ist schon über Berg und Flur,
Wann du ihn glaubst zu halten!

Hört einmal dieses Märchen an,
Es soll Euch amusiren
Und zeiget herrlich, wie man kann
Auch große Herrn anführen! —
Einst saß Herr Amor in Prison!
Wie? wo? was machte er dann nun
Um wieder 'rauszukommen?

Es hatte nemlich einem Paar
Von's gnäd'gen Herrn Vasallen
Vor siebenzehenhundert Jahr
Zu paaren sich gefallen —

Ein

Ein Judenmädel und ein Christ;
Und sie gebar den Antichrist *)
Zur Strafe des Verbrechens!

Die ortodoxe Klerisei
Ward alsbald konvoziret,
Und Sohn und Vater alle zwei
Zur Hölle kondemniret! —
Herr Amor saß in intimo
Und mußte nun incognito
Natürlich auch mit wandern!

Im Reich der höllschen Majestät
Verdrüßt es ihn zu bleiben,
Weil da das Handwerk gar nicht geht,
Das er doch sollte treiben —

Er

---

*) Conceptum crimine matris — semibovemq. virum. semivirumq. bovem.

Er wär gern wieder heim und doch
Fand nirgends sich ein schiklich Loch,
Es war bös wegzukommen!

Er inspirirte seinen Mann
Die Bitte einzugeben:
„Eur' Teufelsmajestät, ich kann
In diesem Land nicht leben!
Mir thut's nach Haus gar schröklich ahnd,
Ich bitte in mein Vaterland
Mir einen Paß zu geben!" —

Wie's aber meist gewöhnlich geht,
So heißt's anstatt der Reise:
„Es wissen Seine Majestät
Dermal auf keine Weise

Dem Supplikanten Erdenfluch
Sein unterthäniges Gesuch
In Gnaden zu erfüllen! "

Nun fängt er toll zu werden an
Im unterirrdischen Raume
Und inspiriret seinen Mann
Aufs neue in dem Traume:
" Horch, ich erfand dir einen Plan
Für deine Flucht von hier — der kann
Genieruhm dir erwerben!

" Mit uns'rer Reise einmal geht
Es nicht zu Land und Wasser,
Dann seine Teufels Majestät
Ist Herr zu Land und Wasser! —

Der Himmel ist allein noch frei,
Da können wir ganz ohne Scheu
Vortreflich durchpassiren! —

„Den Durchmarsch wert man uns dort nicht
Wir wollen ja nicht bleiben! *)
Dann mein Beruf läßt sich dort nicht,
So wenig als hier treiben;
Wir wollen blizschnell durch die Luft,
Durch Sonnenschein und Nebelduft
In uns're Heimat eilen! —

„D'rum mache dir und deinem Kind
Ein paar Franzosenflügel *)
Und damit flieget ihr geschwind
Wohl über Thal und Hügel!

So

---

*) Non ego sidereas — tangere sedes.

*) Die Franzosen haben zuerst erfunden in die Luft eine Spazierreise zu machen!

So kommen wir mit Ehren 'raus,
Und sind wir einmal wieder z' Haus,
Mag Uns der Teufel suchen! — "

Top! das gefällt ihm gar zu gut!
Er rüstet sich zur Reise
Für sich und für sein junges Blut
Und sagt zu diesem leise:
" Mein Kind, in dieses Herrn Gebiet
Bin ich zu bleiben länger müd;
Sieh, da macht' ich Uns Flügel!

" Den Weg zu Wasser und zu Land
Den können Wir nicht nehmen!
Wir müssen durch das Sternenland
Zu reisen Uns bequemen;

Da hat der Höllenkönig nicht — *)
Sonst aber, wie man sieht und spricht,
Zu Land und Wasser Zollstök!

„ Jzt flieg nur immer hintendrein,
Und folg mir im Geleise,
So wirst du allzeit sicher sein!
Noch diesen Kuß auf d' Reise! " —
Und nun giengs husch, husch, hop, hop, hop!
Fort, fort im windigen Galopp
Fein zwischen Erd' und Himmel!

Das freut den jungen Antichrist!
Er steiget in die Höhe,
Wie gern ein Knab verwegen ist,
Und kommt in's Peters Nähe

Der

*) Aera non potuit — omnia clausit.

Der gab sogleich Rapport davon —
Der Sonnenherr befahl der Sonn
Die Flügelchen zu schmelzen!

Au weh! fängt izt das Burzeln an, *)
Geht drüber und geht d'runter!
Wie er sich nimmer halten kann! —
Und fällt in Rom herunter;
Da nimmt ihn ein Chirurg in d' Kur —
Und sieh, (o Wunder der Natur!)
Er ward — zum Pabst kuriret! —

Der Vater sieht nicht mehr sein Kind
Und ist anfangs betroffen —
Izt nicht mehr Vater von dem Kind,
Das ihm so frech entloffen —

*) Nudos quatit ille lacertos — habet.

Kommt ungehindert glüklich fort,
Und so in ihm an Stell und Ort
Incognito Herr Amor!

Izt ist der gute Mann zu Haus
Und treibt sein vorig Wesen,
Geht stäts bei Mädchen ein und aus
Ohn' sie erst auszulesen!
Seht so betrog in Vogelsg'stalt
Herr Amor zweierlei Gewalt —
Den Klerus und den Teufel!

Doch nun zur Sache! — möcht'st du gern
Dein Liebchen dir fixiren,
So bleib von alten Weibern fern
Die d'rum zu konsuliren! —

Brauch keine Simpatetica,
Nichts aus der arte magica! —
Sei selber liebenswürdig!

Gab dir Natur ein hübsch Gesicht,
So zeig auch hübsche mores!
Die Schönheit blühet immer nicht;
Sie geht mein Seel kapores
Je mehr die Jahre nehmen zu,
Je unansehnlicher wirst du —
's verengen sich die Reize! *)

Das Veilgen und die Ros' verblüh'n!
Auch du welkst mit den Jahren,
Daß Furchen durch die Stirn sich zieh'n
Und auf den schwarzen Haaren

*) Et spatio carpitur ipsa suo.

Ein weißer Reif am Morgen liegt —
D'rum sei nach Geist und Herz geschikt,
Solch Gut ist unverwelklich!

Leg dich auf schöne Studien!
Das sind gar feine Sachen,
Die einem Jüngling wohl ansteh'n,
Und lerne ein paar Sprachen —
Wie schön ist's, wann ein junger Mann
Mit seinem Mädchen Welschen kann:
„Comme portes vous ma très chere?"

's g'fällt Mancher nicht durch sein Gesicht,
Jedoch durch Kopf und Herze!
Den deutschen Mann ziert Schönheit nicht,
Ihn zieret Kopf und Herze! —

Freund Werther war just nicht so schön,
Doch hat ihn Lotte gern gefeh'n,
Weil er so artig wäre! —

Und mancher Mann mit glatter Haut
a là Pariser Doke,
Wie man im Modejournal schaut,
Und mit dem seid'nen Roke
G'fällt doch dem g'scheuten Mädchen nicht!
D'rum trau der Körperschöne nicht
Und sei was mehr — als Körper!

Vorzüglich mußt du liebreich sein!
Das Rennomistenwesen, *)
Das Purschikose steht nicht fein
Zu artigen Karessen! —

*) Asperitas — sævaq. verba movent.

Nicht zänkisch und nicht disputar,
Wie neulich erst der Pfarrer Star **)
Sein Weib zum Bett 'naus zankte

Das Zanken ist nur Weiber Sach
Und ihr Naturgeschenke! *)
Laß sein, daß mancher Alter Drach
Den Besten Mann oft kränke! —
Nur du zank mit dem Mädchen nicht!
Das ist ganz gegen Liebespflicht,
Gieb ihr stäts Zukerworte!

Ihr

**) Lite fugent — nuptasq. mariti.

*) Dos est uxoria lites.

Ihr müßt ja nicht beisammen sein,
Ihr seid's aus freiem Triebe!
Kein Pfaff sprach Euch ins Bett hinein, *)
Ihr karessirt aus Liebe!
D'rum zeig auch du so liebreich dich!
Daß wann du kommst — sie immer sich
Recht auf dein kommen freue!

Für reiche Pursche bin ich nicht
Der Liebeskunst Magister!
Wer geben kann, der braucht mich nicht;
Der Beutel ist Magister, *)

Magister

---

*) Non legis jussu — legis amor; eine Note für Ehleute des 18ten Jahrhunderts: der Beischlaf blos aus Pflicht bei dem vielfach verschlungenen Intresse, das unsere heutige Ehen stiftet, ist kalt, er zeugt fröstelnde, Nerven und Hirnschwache Kinder, und geht bald in Gleichgültigkeit über!!!

*) Secum habet ingenium — accipe dicit.

Magister avtodidaktus —
Und zwar nach uns'rem heut'gen Fuß **)
Wohl mehr als ich beliebet!

Für arme Schelmen so wie ich
Lehr ich die Liebsaffairen;
Der Arme muß vorsichtiglich
Sein Mädchen immer ehren —
Er darf nicht schimpfen wie der Mann,
Der seinen Fehler zahlen kann,
Und muß gar viel ertragen!

Ich rauft' mein Mädchen einst im Zorn —
Ach Gott, wie mußt' ich's büssen!
Bald war sie für mich ganz verlor'n,
Und nur zu ihren Füßen

Kniet'

**) Cedimus — ille meis.

Kniet' ich Vergebung endlich 'raus!
Ich durft' ihr lange nicht in's Haus,
Sie schloß vor mir die Thüre!

An meinem Schaden werdet klug
Und meidet solch' Verbrechen;
Die Mädchen wissen sich genug
An uns'rem Zorn zu rächen! —
Mit Männern schlagt Euch gleichwol 'rum!
Mit Mädchen gehet friedlich um,
Mit ihnen scherzt und liebelt!

Und ist dein Mädchen erst nicht so
Wie du sie möchtest wissen,
Nicht so gefällig, freundlich, froh,
Nicht warm in ihren Küssen —

Ist

Ist sie im Anfang spröde noch,
So duld und harr — es giebt sich doch,
Sie wird noch wie du wünschest!

Zur Liebe g'hört Gedult und Zeit
So wie zu tausend Sachen!
Man kann ja durch Geduld und Zeit
Fein alles möglich machen! —
Ein Mädchen hat kein Herz von Stein;
Die schlimmste willigt endlich ein,
Wann sie sich lang gesträubet!

Es ist nicht schwer ein Mann zu sein
Und für ein Mädchen leben,
's geht der Natur zwar sauer ein
So immer nachzugeben —

Und ist ein Kampf wohl ausgericht',
So ist's der erst' und lezte nicht;
  Doch thu nur ihren Willen!

Richt dich in allem ganz nach ihr
  Und was sie haßt, das hasse —
Was ihr gefällt, gefalle dir —
  Und was sie läßt, das lasse! —
Will sie, so sprich: so muß es sein —
Und will sie nicht, so sage nein
  Und wann du zeh'nmal wolltest! —

Lacht sie, so lach — heult sie, so heul! —
  Mach nach der Laun' des Weibchen *)
Bald ein Gesicht wie eine Eul,
  Bald wie ein Turteltäubchen! —

Macht

*) Imponat leges vultibus illa tuis.

Macht sie zum Zeitvertreib un jeu,
So mache mit ihr moitié
Und misch für sie die Karten!

Halt's Sonnenschirmchen über ihr
Auf dem Spazirengehen
Und öfne schnell vor ihr die Thür,
Wo sie hinein will gehen; —
Bring sie aus der Visit' nach Haus,
Zieh ihr die Schuhe selber aus,
Stell ihr an's Bett den Sessel! —

Ists kalt und daß dein Mädchen friert,
So wärm ihr ihre Hände
Und wann dich's noch viel ärger friert
In deinem Schoos geschwinde! —

Halt ihr ('s ziemt wohl dem Manne nicht)
Halt ihr den Spiegel vor's Gesicht,
Daß sie sich hübsch kann schminken!

Komm immer früher als sie sagt
Und geh fein spät zurüke —
Wanns ihr von ohngefähr behagt,
Daß sie wohin dich schike,
So wirf gleich alles von dir weg
Und lauf durch Wasser und durch Drek
Und mitten durch die Leute!

Ist sie in eines Freundes Haus
Mit Freunden sich zu laben,
Und will izt nach dem Abendschmaus
Sich heimgeleuchtet haben

Und ruft „Johann“ — so offerir
Jit dich geschwind zum Johann ihr
Und leuchte ihr nach Hause!

Schreibt sie von ihrem Landgut dir
Du sollest zu ihr kommen,
Und 's fehlt an Geld zum Fahren dir,
Den Weg zu Fuß genommen!
Und wann es in den Hundstäg ist,
Und wann es im Dezember ist,
Das muß dir gleichviel gelten!

Das Leben bei der Liebe ist
Just wie's Soldatenleben; –
Wer eine feige Schlafhaub ist,
Der soll sich wegbegeben! —

Wer liebt, muß Nacht und Winterfrost
Und langen Märsch und schmaler Kost
Und tausend Leiden trozen!

Da noch die Welt im Rohen war
Und gar nicht aufgekläret,
So diente Jakob sieben Jahr,
Bis Rahel ihn erhöret;
Was soll nun, machte der's schon so, *)
Im aufgeklärten Seculo
Ein Pursch in Jena machen?

Im aufgeklärten Seculo
Giebts allerlei Karessen!
Durchlauchten sind bisweilen froh *)
An Stallmägd zu Maitressen;

---

*) Quod phœbum decuit, quem non decet?

*) Cynthius Admeti vaccas — fertur.

So darf, thut eine Durchlaucht das, **)
Nun jeden Nikel für den Spaß
Sich unser Einer nehmen!

Die Lieb darf nicht hochmüthig sein
Und sich an gar nichts schämen;
Sie muß stäts allgefällig sein,
Zu allem sich bequemen! —
Darfst du nicht g'rad in's Mädchens Haus,
So heb bei Nacht ein Fenster aus,
Schlupf durch den Schornstein 'runter! *)

Du sagst ihr dann ganz schauerlich,
Was du für sie riskiret,
Das klingt so abenteuerlich,
So liebekühn und rühret —

Da

**) Quod phœbum — quem non decet?

*) Per præceps tecto delabere aperto.

Da sieht sie deinen starken Muth
Und wird dir dann so gut, so gut,
Daß sie dich fressen möchte!

Such bei den Domestiken auch
Dich wohl daran zu machen,
Dies bringt so mit der Liebesbrauch
Und nützt zu manchen Sachen;
Heiss' du den Diener immer Herr, *)
Die Dienstmagd Jungfer — dann die Ehr
Thut viel bei den Geschöpfen!

Verköst' dich bei dem Liebchen nie
Mit stattlichen Geschenken,
Doch dann und wann erfreue sie
Mit einem Angedenken! —

*) Nomine quemq. suo — saluta.

Wanns Obst und Nüss' und Trauben giebt
Und du weißt, daß sie so was liebt,
So schik ihr so ein Körbchen! —

Schik ihr ein Band und ein Bouquet,
Das wirst du an ihr sehen,
Wann sie am Fest in d' Kirche geht
Und wird ihr herrlich stehen! —
Sieh, solch Geschenke sind erlaubt;
Wer aber durch sie Mädchen raubt,
Den treff ein Donnerwetter!

Und solltest du ein Dichter sein,
Nein! — schik ihr keine Verse!
Man leget wenig Ehr mit ein!
Sie liest und lobt die Verse

Und würd für alle Verse doch
Bei meiner Seele lieber noch
Ein paar Sechsbäzner nehmen!

's sei Einer wie er will so dumm,
Wann er nur brav kann geben!
's ist ja ein gold'nes Sekulum, *)
In dem wir wirklich leben —
Das Geld schaft Liebe und schaft Ehr!
Und käm ein zweiter Klopstok her, **)
Ohn' Geld kann er sich paken!

Doch giebt's noch Mädchen mit Lektür'
Und — die es affektiren, *)
Bei beiden kann ein Dichter hier
Sich wohl rekommandiren;

 Au

*) Aurea sunt vere — conciliatur amor.

**) Ipse licet Musis — ibis Homere foras.

*) Altera, non doctæ turba, sed esse volunt.

Auf solche Mädchen schreib ein Lied;
Und glaube sicher, daß das Lied
  Wie ein Präsentchen wirket!

Sei nur hübsch immer schlau und fein,
  Thu alles nur zum Scheine,
Nicht alles, was du thust, so ein,
  Daß stäts dein Mädchen meine,
Du thuest es nur ihr zu lieb —
Und wann du gleich aus eig'nem Trieb
  Und dir zu lieb so handelst!

Exempli gratia: du schenkst
  Der Magd die Hurenstrafe
Und weißt gar wohl, warum du schenkst
  Dem Mädel diese Strafe,

So laß dich doch zum Zeitvertreib
Von deinem Mädchen oder Weib
Um diese Güte bitten!

Weil aber Mädchen eitel sind
Im Puz sich zu gefällen,
Und wir nun einmal Narren sind
(Die Narrheit stekt in allen)
Daß wir die Mädel beten an,
So thust du wohl am besten d'ran
Des Liebchen Gout zu loben!

Kleidt sie dann a là francoise sich,
So lob die Frankensitten —
Kleidt sie wie eine Lady sich,
So lob die Tracht der Britten —

Kommt sie in Gold „ das ist superb? “ —
Kleidt sie sich weiß „ so wahr ich sterb,
'S ist allerliebst, 's ist göttlich! “ —

Findst du sie in dem Negligee,
So zittere vor Freude
Und wird bisweilen dir gar weh
An ihrer leichten Seite! —
Kleidt sie sich a la Harlequin, *)
„ O liebes Kind, wie extra schön
Die bunte Tracht Sie kleidet! “ —

Den Arm, den sie im Tanz umschlingt,
Die Füsse, wie sie's drehet —
Den Reiz der Stimme, wann sie singt,
Den Finger, wann sie nähet —

Und

*) Compositum discrimen erit — lauda.

Und ihre Arbeit in dem Bett, *)
Lob alles — meiner Seel es geht,
  Die spródste wirst du kriegen!

Dabei ist's nóthig, daß du gar
  Genau dich observirest,
Daß ja kein Mädchen je erfahr,
  Wie du sie so vexirest! —
Der Spaß so lang er heimlich bleibt,
Geht immer herrlich und vertreibt
  Dir manche schóne Stunde! —

Wanns aber einmal kundbar wird,
  Du seist ein süsser Leker
Und, wie die Biene umherschwirrt,
  So aller Mädchen Schmeker,

Der

*) Ipsos concubitus —

Der jeder 's Maul nur wässrig macht
Und sie betrügt — dann gute Nacht
  Credit und Ehr bei Mädchen! —

Ist sie nicht wohl, wie's kann gescheh'n
  Bei Herbst und Frühjahr Regen —
Dann laß sie deine Liebe seh'n,
  Was dir an ihr gelegen;
Da hast du Zeit zu einer Saat,
Die sie dich früher oder spat
  Mit Wucher ernden lässet!

Scheu du ja ihre Krankheit nicht
  Sie hin und her zu heben,
Was sie verlangt, was ihr gebricht,
  Must alles selbst ihr geben!

Heul recht vor ihrem Bette und
Feucht ihren Hizetroknen Mund
Mit deinen Küß und Thränen!

Bet fleissig — aber daß sie's hört!
Sag ihr, wie dir's geträumet,
Daß Gott dir deine Bitt gewärt,
Und mach sie aufgeräumet! —
Vertreib ihr stäts am Bett die Zeit,
Wehr ihr die Fliegen ab — es freut
Sie solcher Liebeseifer!

Und bist du selbst ihr Medikus,
So seie fein bescheiden —
Verwehr nicht jeglichen Genuß,
Misch keine Bitterkeiten

In die erspriesliche Arznei
Und mach, daß sie in kurzem sei
Ganz wieder hergestellet!

So sei nur anfangs — anfangs sei,
Wer liebet, unverdrossen!
Die Liebe wächst durch Liebelei,
Ist sie nur erst genossen; —
Es ist ja auch die Quelle klein *)
Aus der entspringt der große Rhein,
Das Wasser wächst im Laufe!

Gewöhne sie nur hübsch an dich
Daß sie dich stäts muß sehen,
Und daß sie immer kränket sich,
Wann du willt von ihr gehen;

Dann

---

*) Nascitur exiguus — annis aquas.

Dann seie Tag und Nacht bei ihr —
Und glaube sicher, daß sie dir
So leicht nicht mehr entwischet! —

Oft nüzt auch die Abwesenheit,
Daß sie nach dir verlange,
D'rum reis' auf eine kurze Zeit,
Die Zeit wird ihr doch lange!
Laß du ihr jezuweilen Ruh —
Das Brachfeld trägt nach seiner Ruh *)
Nur um so besser Früchte!

Der Musterreiter reiset fort,
Und seine Herzgeliebte
Harrt izt an dem verlass'nen Ort
Wie eine tiefbetrübte

Frau

---

*) Requietus ager bene credita reddit.

Frau Wittwe schmerzensvoll auf ihn,
Und küßt beim Wiedersehen ihn
Noch zehenmal so feurig!

Doch seie nie zu lange fern,
Weil sonst die Lieb verrauchet
Von einem andern hübschen Herrn
Durch neue weggehauchet —
's reißt mancher Mann vom Weibe aus
Und findt au weh — kommt er nach Haus,
Sein Weib auf fremden Schooße! —

Und wann der Mann d'rob böse ist,
So ist er erst ein Schlingel,
Es gab ja ganz bequeme Frist
Dem Weib der dumme Bengel! —

Das

Das gute Weibchen scheute sich
Allein zu schlafen — da fand sich
Ein Freund an Mannes Stelle! —

Dem Weibe ist es zu verzei'n;
Sie konn't den frommen Pfaffen,
Der so gefällig wollte sein,
Doch nicht mit Undank strafen —
Und doch dem Weib, die ihren Mann
Einmal betrogen, sieht man's an, *)
Wie's glüht in ihrem Busen!

So wird die stärkste Lieb entzweit
Die oft so glüklich ware!
D'rum edle, kluge Männer scheut *)
Beim heiligen Altare —

*) Et in vultu pignora mentis habet.

*) Crimina sunt cautis ista timenda viris.

Scheut jeden Anlas, der das Weib
(Schwach ist — wir wissen's all, das Weib)
  Zu der Verführung reizet!

Ihr Pursch, ich bin so streuge nicht
  Und weis, wie man's kann treiben,
D'rum mach ich Euch auch nicht zur Pflicht
  Bei Einer nur zu bleiben;
Das thut Herr Kranz nicht und sein Weib! —
Und ihr dürft wohl zum Zeitvertreib
  Mit andern Mädchen bulen!

Scherzt immer — aber hütet Euch,
  Daß man Euch nicht ertappe,
Sonst kriegt ihr in dem Mädchenreich
  Wohl eine derbe Schlappe! —

D'rum richte alles heimlich ein,
's darf keine nie zugegen sein,
Wann du die and're kosest!

Schenk' keiner was, das and're sehn!
Darfst nicht an einem Orte
Mit jeglicher zusammengeh'n;
Heut an die Katchenspforte —
Und Morgen auf das Klapperfeld
's sein Suschen für den Scherz bestellt —
Und Uebermorgen z' Bornheim!

Auch sei nicht stets die Stund gewiß
Für dieses Handwerktreiben —
Und wann du schreibst, so überlies
Genau dein ganzes Schreiben;

Nimm dich vor Mädchenzorn in Acht!
Ha nur kein Mädel bös gemacht
  Und keinen Burgermeister! —

Die zwei die rächen sich gar wüst *)
  Und ruhen nicht zu rächen,
Bis man zu Grund gerichtet ist
  Fürs mindeste Verbrechen! —
Der Pfeil, den man auf sie abschoß,
Der prallt gewiß in unsern Schoos
  In Gift getaucht zurüke!

Und kommt von ohng'fähr etwas 'raus,
  Must du nichts eingestehen,
Sieh dabei so gelassen aus
  Als thät dich's nichts angehen —

---

*) Læsa venus justa arma — querare facit.

Sei nicht ein bischen freundlicher,
Nicht mehr gefällig als vorher;
  Das ist der Unschuld Zeichen!

Hast du auch Eine bös gemacht,
  So suche wieder Frieden!
Nur eine Stund um Mitternacht *)
  Schaft sicher allen Frieden! —
Da wird aus Zweien allzeit Eins,
Und da kann meiner Sele keins
  Noch mit dem andern zürnen!

Den Beischlaf aber treibe ja
  Dich ohne zu forciren,
Brauch keine stimulantia, *)
  Die dich nur infiziren! —

 Die

*) Pax omnis in uno est — concubitu.

*) Sunt qui præcipiant —

Die Liebe braucht kein stimulans! **)
Sieh, wie so tüchtig schaft der Hanns
Bei seiner Greth im Busche!

Brauch du die Kost, die dir Natur
Ganz ungekünstelt reichet;
Iß Kräuter aus der Gartenflur *)
Und Eier wohl geweichet,
Iß Milch und Honig — o das schaft
Dem Mann gesunde Nervenkraft
Und stärket für die Liebe;

Vor

---

*) Sed Dea non patitur — altus Eryx.

*) Et ex horto quæ venit — mella; ein Wörtchen hier an unsere süsse Herrchen: Der Bauerpursch auf dem Land unvergiftet von süssen feurigen Speisen und Getränken taugt weit besser fürs Mädchen und erzeugt gesundere Kinder als Ihr!!!

Vor sagt ich dir, du sollest sein
    Die Liebesfehler deken —
Bisweilen kanns auch nüzlich sein
    Sie selber anfzudeken,
Dann manchem Mädchen nicht gefällt,
Daß man sich eingezogen hält,
    Und Eifersucht wekt Liebe!

Der Mensch in diesem Erdenhaus *)
    Kennt kein beständig Glüke,
Er schlägt mit beiden Füssen 'naus
    Beim ruhigen Geschike —

*) Luxuriant animi — rebus plerumque secundis.

Da kriegt er Stolz und Uebermut
Und thut nicht eher wieder gut,
Bis daß es Stürme giebet!

Und so die Lieb die sicher ist
Und keine Sorgen trüben,
Wird gerne schläfrig und vergißt
Am Ende gar das Lieben; —
Dann kommt ein Ordensherr und droht *)
Der faulen Liebe Mord und Tod,
Da kriegt sie wieder Feuer!

Ein Mädchen muß nie sicher sein,
Ob man sie redlich liebet!
Gesteht man ihr ein Streichgen ein —
Wann sie sich dann betrübet

Wann

*) Acribq. est —— eliciendus amor.

Waun sie sich um den Bulen kränkt,
Daß er an And're sich verschenkt,
Dann ist er immer glüklich!

Wann sie ihn rauft und krazt und beißt
Und fürchtig ihn anklozet —
Wann sie ihn alles schimpft und heißt
Und seiner Liebe trozet —
Wann sie den „ Scherr dich fort “ ihm giebt
Und doch sich heimlich drob betrübt,
So ist er zu beneiden.

Doch laß dem Zörnchen kurze Frist
Und such sie zu versöhnen;
Izt nur recht feurig drauf geküßt
Als müßt du Küsse fröhnen!

Leg sie aufs Bett — da giebt es Fried,
Das ist die beste Art den Fried
Mit Mädchen herzustellen! —

Leg sie aufs Bett und wann sie ganz
Vor Zorn dich möchte fressen,
Da schließ mit ihr die Allianz,
Und alles ist vergessen! —
Im Bett ist's mit dem Zürnen aus,
Die Eintracht ist im Bett zu Haus,
Dort ist der Ablaß sicher! *)

's war Alles anfangs eine Maß
Was wir die Welt itzt nennen,
Da machte sich ein Gott den Spaß
Dis Chaos zu zertrennen;

Da

*) Illo — gratia nata loco.

Da kam der Himmel ob der Erd
Und's Meer umzingelte die Erd,
'S ward alles digeriret!

Die Vögel kamen in die Luft,
Das Wild in dichte Wälder,
Der Fisch schwamm in der Wassergruft —
Der Mensch lief durch die Felder
Und war noch roh — sein Obdach war
Ein dik Gesträuch, sein Essen war
Noch ungekochte Wurzeln!

Da schlich Freund Amor, wie man sagt,
Auf ein schön Apfelbäumchen —
Das Weib zuerst die Neugier plagt,
Sie bricht mit ihren Däumchen

So ein gar zierlich Aepfelein,
Das schmekt so leker ach so fein;
Und sie giebt auch dem Manne!

Poz Element, welch ein Gefühl
Wallt izt durch Beider Glieder!
Es war ein Abend schön und kühl,
Sie legten Beid' sich nieder;
Und was jezund zu treiben war,
Das gab sich gleich bei diesem Paar!
Izt ward der Mensch erst feiner!

Im ganzen weiten Schöpfungsplan
Herrscht das Gefühl der Liebe!
Kein Wesen, welches athmen kann,
Ist frei von diesem Triebe;

Es bulet alles, was da lebt!
Der Vogel, der in Lüften schwebt,
  Der Fisch in Wasserfluten! —

Die Hirschkuh suchet ihren Mann,
  Der Frosch in sumpfgen Teichen
Klebt an den andern Frosch sich an,
  Der Hund sucht seines gleichen —
Das Schaaf den Widder — 's brüllt der Stier
Nach seiner Kuh vor Liebsbegier,
  Die Geis scherzt mit dem Boke! —

Die Stutte wiehert nach dem Roß
  Und stampfet mit dem Fusse! —
Der Jüngling eilt zum Mädchenschoos
  Und schmachtet nach Genusse —

Und wann es droben Engel giebt
So ist es sicher, daß es giebt
Auch Jungfer Engelinnen!

Drum wann dein Mädel böse thut,
So lege dich nur drüber,
Sie wird dir toute suite wieder gut
Und hat dich um so lieber! —
Wohl dem, der einen guten hat,
Der kann mit solchem in der That *)
Am leichtsten Sünden büssen!

(Ihr Pursche, per parentesin)
Hab ich was vorzutragen:
Es grüßt Euch Mutter Weisheit schön
Und läßt Euch durch mich sagen:

---

*) His, ubi peccaris, restituendus eris.

„ Ihr sollt in ihren Tempel geh'n
Und dort die Innschrift wohl beseh'n,
Sie heißt: γνωθι σεαυτον

„ Woll Einer lieben mit Verstand,
Der müss' sich selber kennen,
Und Liebe ohne mit Verstand
Sei keine Lieb zu nennen —
Der Mann in jedem Vaterland
Mit seinem eig'nen Sich bekannt
Sei stäts zu allem brauchbar! "

Horcht, ihr thut wohl nicht übel d'ran
Zu merken diese Lehre!
Doch izt in meinem Text voran,
So sag ich Euch auf Ehre:

Wer liebt, der mache jederzeit
Auf tausend Leiden sich bereit,
Der giebts die schwere Menge!

Bald leidt die Lieb der Vater nicht,
Bald eine alte Base,
Bald macht die Magd ein scheel Gesicht
Und rümpft die stolze Nase —
Bald hat das Mädel was im Kopf
Und macht dir armen guten Tropf
Das Leben bitterböse!

Der Bule ist ein warer Sklav,
Der sich ob nichts darf schämen
Und Schimpfen, Schläg und jede Straf
Geduldig muß annehmen —

Der, wann man ihm zum Handkus winkt,
Devotest zu den Füssen sinkt
Und Händ und Füsse küsset!

Doch das ist als noch Kleinigkeit,
Laßt Euch was großes sagen!
(Doch groß ist nur Rechtschaffenheit!!) *)
's giebt noch weit mehr zu tragen,
Und schwer ists, was ich von Euch will:
Ihr müßt auch hübsch in aller Still
Den Nebenbuler dulden!

Wer das kann ist ein Liebesheld
Und wird ihm immer glücken!
's ist wohl nichts schwerers in der Welt
Als sich in dis zu schiken;

---

*) Nulla nisi ardua virtus.

Doch Gott gebietets, der den Trieb *)
Zur weiten allumfassend Lieb
Auch deinem Bruder gabe!

Winkt sie dem lieben Nebenmann,
So must du es nicht sehen,
Rühr ihr niemal ein Briefchen an,
Laß alles fein geschehen;
Er mag izt kommen wann er will
Und mag izt gehen wann er will,
So sei damit zufrieden!

Das kann ich Herr Professor nicht,
Das muß ich frei gestehen!
's geht über meine Kraft die Pflicht
Und mir pflegts zu geschehen,
Wie jüngst Herr Pfarrer Kleingeist sprach:
„ Folgt meiner Lehre —. aber ach
Schaut nicht auf meinen Wandel! „ —

Ich

*) Hoc tibi non hominem — dicere.

Ich sollte sehen, daß ein Herr
  Nach meinem Liebchen liefe,
Und wenns mein gnäd'ger Landsherr wär,
  Ob ich ihn nicht angriefe? —
Da küßte Einer sie einmal,
Und 's war dazu der Herr Gemahl,
  Gleich spie ich Gift und Galle!

Am besten ists: man weiß es nicht,
  Laß immer sie verhelen!
Denn was wir Männer wissen nicht,
  Das kann uns auch nicht quälen;
D'rum gehet niemal darauf aus,
Daß ihr in Eures Mädchens Haus
  Wollt einen Fremden finden!

Doch nüzt es auch in einem Fall
  Sein Mädchen abzufangen,
Wann dich dein Mädchen auch einmal
  Auf fremdem Bett gefangen —

Izt darf sie nimmer böse seyn,
's ist Eins wie's Andere so fein!
Da wird die Lieb erneuert!

Verplauder auch die Liebe nicht
Und Weiberheimlichkeiten,
Es schikt für einen Mann sich nicht
Solch' Dinge auszubreiten!
's kost't wenig, daß man schweigen kann! *)
Die Plaudertasche lauft oft an **)
Und thut sich grossen Schaden!

Besonders wenn du bist vertraut *)
Mit Liebschaft unsrer Götter
Und du liebst deine eig'ne Haut,
So schweige ja, beim Wetter!

---

*) Exigua est virtus — rebus.

**) At contra gravis — loqui.

*) Præcipue Cytherea jubet — loquax.

's giebt noch Bastillen überall, **)
In die der schwäzige Vasall
In aller Stille wandert!

Sag nur nichts Einem in der Still,
Was du nicht sollest sagen,
Dann der sagts wieder in der Still —
So kommts in wenig Tagen
In aller Stille fein herum
Und wird ein Evangelium,
Das Brunnenmägde wissen!

Wir wissen Alle um die Lieb
Und wie's pflegt herzugehen,
Und dennoch steckt in uns der Trieb,
Daß Niemand es soll sehen! —
Es ist so was in uns gelegt,
Das immer bei der Lieb sich regt
Und Schaam im Menschen heisset!

**) Garrulus in media tantalus aret aqua.

Lüpft Eine izt ihr Unterkleid, *)
  So dekt sie's mit den Händen,
Und pflegt vom Hosenknopf allzeit
  Die Augen wegzuwenden —
Man schliest die Thüre immer zu,
Man zieht am Bett den Vorhang zu
  Und thut es nur im Dunkeln!

D'rum schuf der Mensch sich Kleider an,
  Und wie man's noch nicht hatte,
So dekte Eva und ihr Mann
  Sich mit dem Feigenblatte —
Und da's noch keine Häuser gab,
Stieg man zulieb in Hölen ab
  Und that es hinter Heken!

---

*) Ipsa Venus pubem — semi reducta manu.

So schaamhaft war der Mensch noch roh! —
  Und unsre süsse Herrchen
In unserm feinern Seculo
  Sind voll von Liebesmärchen
Und schreien gar den Mädchen nach,
Wo sie ein Mädel sehen „ ach,
  Die hab ich auch gebrauchet! „

Und meistens pralt nur so ein Wicht
  Und schwäzet von Genüssen
Auf Mädchen, die ihr lebtag nicht
  So einen drüber liessen! —
O wär es wahr, was du so sagst,
Daß du bei der und jener lagst,
  Du würdest sicher läugnen!

Der Mädchen Namen kennt ihr wohl,
  Nicht aber ihre Leiber —
Und seid doch meistens Alle toll
  Auf Mädchen und auf Weiber,

Und wenn ihr sie nicht kriegen könnt,
So freut es Euch doch, daß ihr könnt *)
Sie in der Stadt verschreien!

Geh, pak dich in dein Kämmerlein,
Wann du willt karessiren,
Schlies hinter dir die Thüre fein,
Verschliesse alle Thüren!
Und hat dir's wirklich wohlgeschmeckt,
Proficiat! — nur nichts entdekt!
Das Ding leidt nicht das Plaudern!

Sollt' etwa deinem Mädchen was
An ihrem Körper fehlen,
Auch damit treibe keinen Spaß
Es Andern zu erzälen!
Was dich auch anfangs schon verdrüst,
Am Ende doch behaglich ist,
Gewonheit bessert vieles!

Nenn alles feiner als es ist —
Und wann izt auch Lisetke
Schwarz wie ein Jaunermädel ist, *)
So nenne sie Brünette!
Das Mädchen, die mit rotem Haar **)
Die Mutter zu der Welt gebar,
Heist artiger Blondine!

Ist eine wie ein Ambos plump,
Nenn's ein gesundes Mädchen —
Die Kurze wie ein Weidenstump
Heisst ein gar zierlich Mädchen —
Ein volles Mädchen nenne die,
Die einen Schmeerbauch träget wie
Ein schwäbischer Prälate!

*) Nigrior illyrica — sanguis erit.
**) Si flava, Minervæ.

Sieh auch auf ihre Jahre nicht,
  Und ist sie schon verblühet,
Hat sie ein gelbliches Gesicht,
  Und wie ein Frosch aussiehet;
Es karessirt sich früh und spat! — *)
Der eine Aker Früchte hat,
  Der and're wird gesäet!

Treibt was ihr könnt so lang es geht,
  So lang ihr noch seid munter,
So lang Euch noch der Treiber sieht —
  Im Alter gehts Bergunter! *)
Fahrt auf dem Wasser — pflügt das Land,
Nemt Waffen in die starke Hand —
  Bult mit dem lieben Mädchen!

---

*) Utilis o juvenes aut hæc aut serior ætas.

*) Jam veniet — senecta pede.

Es ist bisweilen ratsamer
  Mit reiferen an Jahren,
Sie sind schon meist behutsamer
  Und besser schon erfaren;
Und büst man an den Jahren ein,
So pflegen sie mehr nett zu sein,
  Und 's giebt ja hübsche Schminke!! *)

Die wissen schon auf manche Art
  Im Bett zu figuriren,
Bei ihnen auch der Bule spart
  Das heft'ge adstringiren —
Ich haß' wenn ich nur schaffen soll! *)
's thut einem wie dem andern wohl, **)
  D'rum schaff auch Eins wie's Ander!

Ich

---

*) Et faciunt cura, ne videantur anus.

*) Odi concubitus, qui non utrumque resolvunt.

**) Quod juvat, ex æquo — verunt.

Ich hass das Mädchen die sich schont *)
  Und wie ein Klo; da lieget,
Die Wollust nicht mit Wollust lont
  Und Tour a Tour vergnüget —
Mich freut der Beischlaf nimmer nicht,
Wo nur das Weib aus Weibespflicht
  Zu mir in's Bett sich leget!

Mich freut es, wann's mit gleicher Kraft
  Recht hizig los d'rauf gehet,
Wenn's Mädchen sich recht müde schaft,
  Daß Hör'n und Seh'n vergehet —
Wann sie nicht laut mehr reden kann
Und Schachmatt bittet „ halte an,
  O thu gemach mein Lieber! „

*) Siccaque de lana cogitat ipsa sua.

Das geht im ersten Sommer nicht,
  Das fordert Alters Stärke!
O treibet so geschwinde nicht
  Der Venus süsse Werke! —
Fein hübsch piano karessirt!
Da dauert man lang aus und wird
  Ein Held im Venusdienste!

Den Modum procedendi mus
  Ein jeder Bule wissen:
Erst giebt man einen leisen Kus,
  Dann wird man warm in Küssen —
Izt legt man sachte sie aufs Bett,
Dann kizelt man die Kizelstätt,
  Und izt heist: Vorwärts marschirt! —

Dann wird sie ihre Aeuglein dreh'n
  Und wird so süsse ächzen,
Wird immer hin und her sich dreh'n
  Und nach Befruchtung lechzen —

Jzt wenn der Liebe Feuerstral
Bei beiden sich ergießt zumal, *)
Dann ist die Wollust fertig!

So macht es wann ihr sicher seid
Daß Euch nichts könne stören —
Und habt ihr aber wenig Zeit
Und könnt Euch jemand wehren,
Dann spannet alle Segel auf,
Dann galoppirt in vollem Lauf
Was nur der Rapp kann laufen! *)

Und itzo mein Kollegium
Für Euch zu Ende wäre!
Jzt zalt das Honorarium *)
Und folget meiner Lehre —

Und

---

*) Tum plena voluptas — cum pariter — jacent.

*) Et admisso subdere calcar equo.

*) Palmam date grata juventus.

Und wer durch sie ein Mädchen kriegt,
Der schreib an's Bette wo sie liegt:
Das gab Magister Naso!

Ich glaubt' ich wäre fertig nun —
Und plötzlich kommt von Mädchen
Da eine Deputazion
Aus Deutschlands Städt und Städtchen
Und bittet mich um Unterricht —
„ Ja Liebchen, ich will Euch die Pflicht
Im nächsten Blatte leisten! „ !!

www.ingramcontent.com/pod-product-compliance
Lightning Source LLC
Chambersburg PA
CBHW030613270326
41927CB00007B/1163